DE LA
RESPONSABILITÉ

NON SOLIDAIRE

DES

CO-LOCATAIRES, EN CAS D'INCENDIE ;

COMMENTAIRE

De la Loi du 5 Janvier 1883

MODIFIANT L'ART 1737 DU CODE CIVIL;

NOTES

Sur la responsabilité des détenteurs d'objets mobiliers
détruits en tout ou en partie, par incendie ;

PAR

H. CLÉMENT

Conseiller à la Cour d'appel de Douai,

AUTEUR DE NOMBREUX OUVRAGES DE DROIT

Prix de cette brochure (franco) . . **0 fr. 50 cent.**

ARRAS

SUEUR-CHARRUEY et DELVILLE

Imprimeurs-Libraires-Editeurs

20 ET 22 PETITE-PLACE

—

1885

DE LA

RESPONSABILITÉ

NON SOLIDAIRE

DES

CO-LOCATAIRES EN CAS D'INCENDIE ;

COMMENTAIRE

De la Loi du 5 Janvier 1883

MODIFIANT L'ART 1737 DU CODE CIVIL;

NOTES

Sur la responsabilité des détenteurs d'objets mobiliers
détruits en tout ou en partie, par incendie ;

PAR

H. CLÉMENT

Conseiller à la Cour d'appel de Douai,

AUTEUR DE NOMBREUX OUVRAGES DE DROIT

Prix de cette brochure (franco) . . **0 fr. 50 cent.**

ARRAS

SUEUR-CHARRUEY et DELVILLE

Imprimeurs-Libraires-Editeurs

20 ET 22 PETITE-PLACE

1885

LOI

DU 5 JANVIER 1883

Modifiant l'article 1734 du code civil, sur les risques locatifs en cas d'incendie

---

1

PERTE PAR INCENDIE D'IMMEUBLES LOUÉS. — RESPONSABILITÉ DES LOCATAIRES. — NON SOLIDARITÉ.

(Le sommaire des matières constitue la table insérée à la fin de la brochure.)

1. « Art. 1er. — L'article 1734 du Code civil est modifié ainsi qu'il suit :

« S'il y a plusieurs locataires tous sont responsables de l'in-« cendie *proportionnellement* à la valeur locative de la partie de « l'immeuble qu'ils occupent ;

« A moins qu'ils ne prouvent que l'incendie a commencé dans « l'habitation de l'un d'eux, auquel cas celui-là seul en est « tenu ;

« Ou que quelques-uns ne prouvent que l'incendie n'a pu « commencer chez eux, auquel cas ceux-là n'en sont pas te-« nus. »

« Art. 2. — Les dispositions de la présente loi sont applica-« bles aux colonies de la Martinique, de la Guadeloupe et de la « Réunion. »

Mettons de suite ici le texte de l'ancien article 1734 ainsi conçu :

« S'il y a plusieurs locataires, tous sont *solidairement* respon-
« sables de l'incendie ; — à moins qu'il ne prouvent que l'incen-
« die a commencé dans l'habitation de l'un d'eux, auquel cas
« celui là seul en est tenu ; — ou que quelques-uns ne prouvent
« que l'incendie n'a pu commencer chez eux, auquel cas ceux-là
« n'en sont pas tenus. »

La solidarité n'existe donc plus entre les locataires de l'immeuble incendié. Si le point de départ du feu est resté inconnu,
sous la loi nouvelle comme sous l'ancienne, le bailleur actionne-
ra, si bon lui semble, les divers locataires. Toutefois, au lieu de
pouvoir demander à chacun d'eux l'entière valeur de l'immeuble
incendié, ou pour mieux dire la totalité du dommage, il ne
pourra leur réclamer qu'une part de ce même dommage proportionnelle à la partie de l'immeuble que chacun occupe.

Si quelques-uns des locataires ainsi actionnés sont insolvables,
la part proportionnelle qui leur incombe, ne retombera pas sur
les autres ; ce sera une perte sèche pour le bailleur dont le recours se trouvera ainsi entravé pour partie.

Sur ces points pas de difficulté ; le texte est clair et l'esprit de
la loi est certain.

2. Le contrat de louage des choses, notamment des maisons,
engendre des obligations de la part du preneur. Il doit jouir de
la chose louée en bon père de famille ; en user suivant sa destination ; payer le prix du bail ; rendre la chose louée suivant
l'état des lieux, sauf ce qui a péri par vétusté ou par force majeure (1728-1730).

En général, le preneur est responsable des dégradations ou
des pertes qui arrivent pendant sa jouissance, à moins qu'il ne
prouve qu'elles ont eu lieu sans sa faute (art. 1732). — Il répond
des personnes de sa maison et de ses sous-locataires (art. 1735).
— On comprend sous ces expressions *personnes de sa maison*, les
membres de sa famille habitant avec lui, ses hôtes, ses domestiques et ouvriers.

Le preneur répond même du dommage qui serait la suite
d'entreprises ou d'usurpations commises par des tiers. Cette
règle n'est que la conséquence du principe posé, à l'égard de
l'usufruitier, dans l'art. 614, et à l'égard du fermier dans l'art.
1768. Cette dernière disposition particulière aux baux à ferme

doit, le cas échéant, être étendue par voie d'analogie, aux baux à loyer.

Le preneur est admis à se soustraire à la responsabilité qui pèse sur lui, à raison de la perte de la chose louée ou des détériorations qu'elle a subies, non seulement en prouvant que les pertes ou détériorations proviennent d'une cause qui lui est étrangère, mais encore en démontrant qu'il a apporté à la conservation de la chose louée tous les soins qu'il devait y donner. Ainsi une maison est détruite ou détériorée, autrement que par incendie, le preneur pourra s'exonérer de toute responsabilité, en prouvant que cette destruction ou ces détériorations proviennent d'une cause qui lui est étrangère, ou bien en démontrant qu'il a apporté à la conservation de la maison tous les soins qu'il devait y donner, c'est-à-dire la diligence qu'un homme attentif et soigneux apporte communément à l'administration de ses affaires. Il lui suffira même d'établir qu'il n'a commis aucune faute dans la garde et la conservation de la maison qu'il détient comme locataire.

En un mot, il y a lieu d'appliquer, en ce cas, au preneur les principes de notre loi civile, en matière de responsabilité. S'il n'y a qu'un locataire dans la maison, il doit restituer la maison tout entière en vertu de son bail. Si la maison a péri, il doit, puisqu'il ne restitue pas, ou payer l'indemnité, ou prouver que la chose a péri sans sa faute, car autrement il ne remplirait pas l'engagement résultant de son bail, qui l'oblige à restituer la chose.

3. Examinons maintenant le cas particulier de perte de la chose louée par incendie. Le preneur répond de cet incendie, à moins qu'il ne prouve : — que l'incendie est arrivé par cas fortuit et force majeure, — ou par vice de construction, — ou que le feu a été communiqué par une maison voisine. Telle est la disposition de l'art. 1733 civ.

Cette responsabilité donne lieu à l'application de deux principes : suivant qu'il n'y a entre les parties aucun lien contractuel, — ou bien que les parties sont liées par un contrat, en vertu duquel la restitution de la chose doit avoir lieu.

A. Dans le premier cas, s'il n'y a entre les parties aucun lien de droit, l'auteur du dommage est bien tenu de le réparer, mais celui qui en a souffert ne peut invoquer à cet effet, que l'art.

1382, et, conformément au paragraphe 1er de l'art. 1315, il doit prouver le dommage à lui causé et démontrer quel est l'auteur du fait dont il poursuit la réparation.

S'il s'agit d'un incendie, le demandeur devra prouver que la chose a péri par le fait et la faute du défendeur ; et il en sera ainsi dans tous les rapports autres que ceux existant entre propriétaires et locataires, entre propriétaires voisins et locataires, et entre locataires soit d'un même immeuble, soit de divers immeubles contigus ou voisins. Il n'y a entre ces derniers aucun lien de droit résultant d'un contrat, notamment du contrat de louage.

B. Dans le deuxième cas, au contraire, c'est-à-dire s'il existe entre les parties des rapports contractuels, le demandeur réclame la restitution de la chose en vertu du contrat, et le débiteur de la chose doit faire cette restitution, à moins qu'il ne prouve que la chose a péri par cas fortuit. C'est là le principe posé par l'art. 1302 du Code civil, lequel se rattache à une autre règle fondamentale en matière de preuve, qui est contenue dans le deuxième alinéa de l'art. 1315 du même Code, et d'après laquelle celui qui se prétend libéré doit justifier le fait qui a produit l'extinction de son obligation.

Le locataire, tenu en vertu de son contrat à user de la chose en bon père de famille doit implicitement la surveiller, et il est obligé de la rendre à la fin de son bail en bon état. S'il ne satisfait pas à cet engagement, il doit prouver que les dégradations ou la perte survenues ont eu lieu sans sa faute : telles sont, à son égard, les dispositions de l'art. 1732 qui ne sont que l'application du principe de l'art. 1302, en ce qui concerne tout débiteur d'un corps certain.

Si l'on applique cette théorie au cas où un immeuble a été détruit par un incendie ; d'un côté, le bailleur prouve son droit à la chose au moyen du contrat de louage, et de l'autre, le preneur doit la restituer, s'il ne prouve pas que l'immeuble a péri sans sa faute. Or, l'incendie n'est pas par lui-même et nécessairement un cas fortuit, car le plus souvent il est le résultat de la faute de ceux qui occupent l'immeuble : *incendia plerumque fiunt culpâ inhabitantium*. Pour échapper à l'obligation de restituer, e preneur devra donc prouver que l'incendie est arrivé sans sa faute. L'art. 1733, en déclarant le locataire responsable, ne fait qu'appliquer le droit commun. Mais en ce qui a rapport aux moyens de justification que le locataire peut invoquer, on s'est demandé si ceux énumérés dans l'art. 1733 sont limitatifs ou bien s'il suffit que le preneur prouve d'une manière quelconque que l'incendie a eu lieu sans sa faute ; et suivant que l'on adopte l'une ou l'autre solution, on déclare que l'art. 1733 est ou n'est pas, dans son ensemble, l'expression du droit commun. Quoiqu'il en soit de la solution de cette question, il est incontestable que le principe de la responsabilité écrite dans l'art. 1733 découle du droit commun.

La stipulation, dans un bail, que le fermier paiera en sus du fermage et des impôts fonciers, le montant de la prime d'assurance contre l'incendie des bâtiments dependant de la ferme, ne suffit pas pour exonérer le fermier de la responsabilité qui pèse sur lui en cas d'incendie (Bordeaux, 28 décembre 1854). En effet, le fermier n'a fait que payer la prime due par le bailleur. Mais s'il veut s'exonérer de toute responsabilité, il doit faire une police spéciale pour ses risques locatifs, et payer la prime y afférente.

4. Pour s'exonérer de toute responsabilité, le preneur trouve quatre moyens de justification dans l'art. 1733. Il doit prouver que l'incendie est arrivé par *cas fortuit, force majeure, vice de construction,* ou que le feu a été communiqué par une maison voisine.

L'ancien article 1733 n'exemptait le locataire de la responsabilité de l'incendie que dans le cas où il était prouvé que l'incendie avait eu lieu par un de ces cas ; il importait donc peu que le locataire actionné en résponsabilité fût locataire d'un immeuble indivis dont le co-propriétaire aurait loué la part à un autre locataire; cette circonstance n'étant pas mise par l'art. 1733 au nombre de celles qui faisaient disparaître sa responsabilité. — Par suite, le locataire d'un immeuble indivis entre deux propriétaires répond, vis à vis de son bailleur, de l'incendie de l'immeuble dans les termes de l'art. 1733, alors même que de son côté, le co-propriétaire aurait loué pour sa part indivise le même immeuble à un autre locataire et que la jouissance des deux locataires aurait été commune (Bourges, 24 janvier 1883. — S. 83. 2. 188.)

L'énumération des quatre circonstances de justification est-elle limitative ? Cette question, qui semble résolue négativement par la jurisprudence, reste controversée entre les auteurs.

A. Pour l'affirmative, on dit que le texte de l'art. 1733 ne demande pas une simple preuve négative, mais bien la preuve positive de l'une des quatre causes qu'il précise. Si le législateur avait entendu dire que le locataire cesserait d'être responsable en prouvant simplement que l'incendie a eu lieu sans sa faute, il n'aurait pas écrit cet article, car ce serait parler pour ne rien dire, alors que l'art. 1732 proclame déjà que le premier répond des dégradations ou des pertes, à moins qu'il ne prouve qu'elles ont eu lieu sans sa faute. C'est pour forcer les locataires à une vigilance plus grande que la loi ne les décharge que s'ils indiquent la cause même de l'incendie. (Toullier, Zacharie, Marcadé, Massé et Vergé, Mourlon, Aubry et Rau. — Paris, 29 novembre 1852. — S. 54. 2. 676.)

B. Pour la négative, on dit que c'est seulement à titre d'exemples que l'art. 1733 indique les points sur lesquels pourrait s'appuyer la défense du preneur. Cet article n'a aucun caractère restrictif, et il suffit, pour que le preneur soit exempt de toute responsabilité, qu'il établisse d'une manière quelconque que l'incendie est arrivé sans sa faute. (Duvergier, Troplong, Dalloz, Demante et Colmet de Santerre, cours de Metz, Rouen, Chambéry, Nancy et Amiens, 9 avril 1880. — S. 80. 2. 212.)

Cependant, si le bailleur prétend que le fait invoqué par le locataire pour se justifier a été précédé ou accompagné de quelque faute imputable à ce dernier, ce sera à lui (bailleur) à prouver son allégation. Le plus souvent, le preneur puisera sa justification dans les quatre moyens indiqués en l'art. 1733, mais il pourra établir, par tous autres moyens, que l'incendie a eu lieu sans sa faute. Ainsi le feu a été mis par une main criminelle ; la preuve en est faite ; il y aura là une force majeure qui exonérera le locataire de toute responsabilité. Les tribunaux ont toute latitude pour apprécier les faits qui peuvent constituer le cas fortuit ou la force majeure. Il ne faut pas oublier que le preneur est le gardien de la chose louée et qu'il doit démontrer que l'incendie provient d'une cause étrangère, qui ne lui est pas imputable, ni aux personnes dont il est responsable (art. 1735), ni aux choses qu'il a sous sa surveillance et qui pourraient avoir occasionné le dommage.

Les juges ont un pouvoir discrétionnaire pour apprécier la pertinence et l'admissibilité des faits. Un procès-verbal de gendarmerie ne ferait pas preuve ; il pourrait seulement servir d'indice à l'effet d'établir qu'il y a faute et négligence de la part d'un propriétaire d'une maison où a commencé un incendie, qui s'est communiqué aux maisons voisines. (Paris, 27 janvier 1824.)

Le locataire doit prouver, par un ensemble de faits suffisants, l'impossibilité d'expliquer le sinistre autrement que par la force majeure ou le cas fortuit. (Alger, 12 janvier 1882. — S. 83. 2. 186.)

Si cependant le feu a été mis volontairement par le serviteur du locataire, celui-ci sera responsable vis à vis du bailleur des suites de l'incendie. Peu importe que le feu ait été mis par le serviteur en dehors des fonctions auxquelles il était employé. Il ne s'agit pas ici de l'application de l'art. 1384, mais bien de l'art. 1735 ; cette dernière disposition n'exige pas que le dommage ait été causé par le serviteur dans les fonctions auxquelles il est employé. En un mot, si le maître, à cette qualité, joint celle de preneur, et s'il est actionné en responsabilité par le bailleur, c'est le droit spécial en matière de louage qui devra être appliqué. L'art. 1735 pourra donc être invoqué par le bailleur, sans qu'il ait à se préoccuper des restrictions de l'art. 1384. (Cass., 24 janvier 1883. — S. 83. 1. 261.)

Un jugement du tribunal civil de la Seine, du 6 juillet 1881, avait décidé, en sens contraire, que l'incendie allumé par la malveillance d'un tiers, dans l'espèce d'un domestique, devait être réputé cas fortuit dans le sens de l'art. 1733, et que la responsabilité du locataire se trouvait dégagé.

Un arrêt de la Cour de Rouen du 12 avril 1870 (D. 72. 2. 23) avait déjà décidé qu'un locataire est affranchi de la responsabilité de l'incendie des lieux loués, par cela seul qu'il démontre que l'incendie doit être attribué à la malveillance, même si l'auteur est resté inconnu.

Cependant un arrêt de la Cour de Paris, du 17 février 1880 (D. 81. 2. 7) décide que la responsabilité du locataire est engagée dans le cas où une servante à gages met volontairement le feu à l'immeuble loué.

5. Dans le cas où il y avait plusieurs locataires du même immeuble, le législateur de 1804, avait édicté la solidarité entr'eux. vis à vis du bailleur. Cette solidarité reposait sur cette idée que le propriétaire avait droit, en principe et dans tous les cas, à une indemnité représentant la valeur totale de son immeuble. La cause d'un incendie étant inconnue, les présomptions de faute se dressent contre tous les locataires. Tous doivent indemniser le propriétaire.

Ce raisonnement n'était pas juridique ; car s'il existe des rapports contractuels entre le bailleur et chacun des locataires ; il n'y a entre ces derniers aucune convention. En somme, à quoi chacun des locataires est-il obligé ? A surveiller et à restituer ce qu'il a reçu. Or, qu'a-t-il reçu ? Seulement la portion de l'immeuble qui fait partie de son bail. Donc, c'est à cette partie que son obligation se limite ; donc, c'est d'elle seule qu'il doit être responsable en cas de sinistre.

Dans notre législation, la division des dettes entre co-obligés est la règle. En principe, la solidarité doit être stipulée (art. 1202 civ.). Si la loi l'impose parfois, c'est parce que les circonstances lui en font présumer l'acceptation, ou parce qu'elle l'attache soit comme peine, soit comme réparation nécessaire à un fait délictueux dès à présent constant. C'est par le premier de ces motifs, qu'elle y soumet, et le mari de la veuve remariée, co-tuteur, dans l'intérêt des enfants du premier lit (art. 396 civ.), — et les exécuteurs testamentaires, pour le compte du mobilier que leur a confié le testateur (art. 1033 civ.) C'est pour le second, qu'elle déclare les auteurs du même crime ou d'un même délit solidairement responsables des amendes, des restitutions, des dommages et des frais (art. 55. C. P.).

Comment ces motifs sauraient-ils justifier la solidarité que l'ancien article 1734 avait établie entre plusieurs locataires d'un même immeuble. Ces divers locataires n'ont pas de rapports juridiques entr'eux ; s'ils ont traité avec le propriétaire, c'est chacun pour soi, et par suite divisément. Souvent, ils ne se connaissent pas ; parfois même ils sont, et cela dans toute l'acception du mot, obligés de subir le voisinage qui leur est imposé. D'un autre côté, lorsque la cause de l'incendie reste inconnue (c'est le cas prévu), on ne peut dire qu'il y ait délit, et, par suite, arguer d'une responsabilité que la loi pénale n'impose solidairement qu'aux auteurs d'une infraction dont la culpabilité commune a été judiciairement constatée.

Lorsque par suite de cette solidarité, le propriétaire exerçait son action en indemnité contre un seul des locataires, comment ce dernier devait-il exercer son recours contre les autres locataires ? Les auteurs résolvaient diversement cette question. Quant à la jurisprudence, se fondant sur cette idée que la présomption de faute est imputable à un égal degré à tous les locataires, elle se prononçait pour la répartition par portions égales. Il est hors de doute pourtant que l'étendue de chaque location doit avoir son importance, et que, toutes choses égales d'ailleurs, il est présumable que l'incendie est plutôt, par exemple, du fait de celui qui occupe huit ou dix pièces, qui a 5 ou 6 feux, que du fait de celui qui n'occupe qu'une seule chambre et qui n'a qu'un feu.

Aussi, tout naturellement on a été amené à faire disparaître la solidarité de l'article 1734, et à dire que l'indemnité due au propriétaire sera répartie proportionnellement à la valeur locative de la partie de l'immeuble occupée par chaque locataire.

6. L'art. 1734 nouveau rentre dans le droit commun. En effet, quand il y a plusieurs locataires, chacun d'eux n'est tenu de restituer que la portion que le bailleur lui a livrée. A l'égard des autres appartements, il n'est qu'un voisin, en dehors de tout engagement contractuel. Pour son appartement, qui est l'objet de son bail, le locataire est tenu en vertu de l'art. 1302 ; mais pour le reste de la maison, il n'est obligé que par l'article 1382. D'où la conséquence qu'il doit prouver, pour la portion par lui habitée, qu'il n'est pas en faute, et que, pour les appartements voisins, il faut au contraire qu'on lui prouve qu'il est en faute ; car on ne peut l'actionner pour cette portion des locaux, que s'il a commis un délit ou un quasi-délit.

L'effet de notre nouvel article est de n'appliquer à chaque locataire la responsabilité qui résulte de l'art. 1733, que proportionnellement à la portion de l'immeuble qu'il occupe, et de l'en décharger dès qu'il prouve que l'incendie a commencé chez un autre locataire ou n'a pu commencer chez lui-même.

Si quelques-uns des locataires parviennent à établir que le feu n'a pas pris chez eux, la part de responsabilité, qui leur incombait, ne viendra pas affecter les autres ; elle sera supportée par le propriétaire.

Mais si la majorité des locataires a pu se dégager et que l'on ait découvert le point de départ du feu, quel sera l'étendue de la responsabilité du locataire chez qui le feu a pris naissance ? Ce locataire ne sera tenu que proportionnellement à la valeur locative de la portion qu'il occupe. Et pour le rendre responsable du surplus de l'indemnité, il faudra prouver qu'il y a eu faute de sa part et appliquer contre lui l'art. 1382.

En résumé, lorsque le point de départ du feu reste incertain, les locataires ne sont tenus que proportionnellement à la valeur locative de la partie de l'immeuble par eux occupée. Lorsque le point de départ du feu sera connu, celui chez qui le feu aura pris, devra réparer d'abord la part proportionnelle, et même la totalité du dommage, pourvu que, dans ce dernier cas, il soit prouvé qu'il y a eu faute de sa part.

S'il est prouvé par les autres locataires que l'incendie a commencé chez l'un d'eux, celui-là seul sera tenu pour le tout, et le propriétaire n'aura personnellement rien à prouver. Si plusieurs locataires prouvent seulement que le feu n'a pu commencer chez eux, ils sont déchargés ; mais les autres restent tenus du dommage, en proportion de la partie de l'immeuble que chacun d'eux détient. Dans ce dernier cas, le propriétaire, pour être indemnisé entièrement du dommage à lui causé, devra prouver quel est l'auteur de l'incendie et établir la faute, conformément au droit commun, c'est-à-dire aux articles 1382 et 1315 al. 1 du Code civil ; et il en sera ainsi, bien entendu, alors même que les locataires, moins un, seraient déchargés. Faute de faire cette preuve, le propriétaire supportera le surplus du dommage. Cette preuve faite, au contraire, le locataire contre lequel elle a eu lieu sera tenu de l'indemnité totale due au propriétaire ; et les autres qui n'avaient pu se décharger par eux mêmes le seront évidemment par ce fait.

D'ailleurs, celui des locataires contre lequel les autres auront prouvé que l'incendie a commencé dans son habitation, et que notre article déclare responsable pour le tout, ainsi que les locataires demeurés responsables proportionnellement à la partie d'immeuble qu'ils occupent, à défaut de l'une des deux preuves prévues par l'art. 1734 qui puissent les en décharger, pourront invoquer l'art. 1733 et être admis à établir que l'incendie a eu lieu par cas fortuit, force majeure, vice de construction, ou que le feu a été communiqué par une maison voisine, et même d'une manière plus générale, et conformément à la jurisprudence établie, que l'incendie a eu lieu sans leur faute (n° 4). C'est en effet l'art. 1733, qui pose le principe de la responsabilité du locataire en matière d'incendie, et l'art. 1734 ne fait qu'en régler l'application pour le cas où un même immeuble est occupé par plusieurs locataires.

7. La responsabilité que le locataire encourt en cas d'incendie l'oblige à payer au propriétaire une indemnité. Les art. 1733 et 1734 se bornent à rendre le locataire responsable de l'incendie, mais ne s'expliquent pas sur la nature de cette responsabilité. Par suite, il y a lieu d'appliquer la règle générale, en vertu de laquelle toute responsabilité civile se résout en une réparation pécuniaire du préjudice causé, c'est-à-dire en dommages-intérêts. Le propriétaire ne peut donc contraindre le locataire à reconstruire le bâtiment incendié, mais seulement exiger de lui une indemnité égale au préjudice causé. (Nancy, 9 août 1849, et Paris, 3 janvier 1850. — S. 51. 2. 129.)

L'indemnité se détermine en évaluant les dépenses à faire pour les réparations et les reconstructions de l'immeuble, et en en défalquant la plus value des bâtiments d'après l'état où ils se trouvent au moment de l'incendie. Il faut défalquer de la dépense que nécessiterait la reconstruction, une somme équivalente à la différence du neuf au vieux. (Paris, 3 janvier 1850.)

En sus de cette indemnité, le locataire devra au propriétaire la bonification de la perte des loyers pendant le temps nécessaire à la remise en état et à la relocation des bâtiments. (Rouen, 10 février 1843 et 6 août 1846. — S. 48. 2. 140.)

N'oublions pas ce principe général que, lorsque l'inexécution de l'obligation ou l'irrégularité de l'exécution ne provient pas du dol ou d'une simple faute du débiteur, celui-ci ne doit qu'une indemnité représentant la perte et la privation de gain qui ont été prévues ou que l'on a pu prévoir lors de la formation de l'obligation.

La responsabilité des articles 1733 et 1734 ne s'applique qu'au dommage causé aux bâtiments loués, et non à la perte ou à la détérioration du mobilier que le propriétaire avait placé dans ces bâtiments, à moins que ce mobilier ne soit compris dans le bail. Auquel cas, la responsabilité, qui s'applique aux maisons, s'étendra à tous louages de choses. (Lyon, 7 mars 1840.— S. 40. 2. 27.)

Le preneur répond des bâtiments qu'il a seulement loués et qu'il doit restituer; il n'a point loué les objets mobiliers qui ont été consumés par incendie. On ne peut donc invoquer contre lui l'art. 1733; le propriétaire pourra toutefois invoquer l'art. 1782, mais il sera tenu de prouver que c'est par la faute du locataire que les meubles ont péri. Cependant, le locataire est responsable dans les termes de l'art. 1733 des objets mobiliers adhérents aux murs et incorporés aux boiseries, dont l'immobilisation aurait été stipulée dans l'acte de bail. (Cass., 13 novembre 1878. — S. 79. 1. 34.)

Si le mobilier était compris dans le bail, le locataire en répondrait-il dans les termes de l'art. 1733 ? La négative résulte de deux arrêts de Rouen qui n'admettent pas l'application de l'art. 1733 au bail de meubles. (Rouen, 8 décembre 1877 et 28 janvier 1880. — S. 81. 2. 125.) Et alors, pour ce bail de meubles, il faudra prouver la faute du locataire.

8. Lorsque la même maison est louée à plusieurs locataires, et qu'il est impossible de déterminer le lieu où a commencé l'incendie, la responsabilité incombe, au profit du propriétaire, sur tous les locataires, non plus solidairement, mais d'une manière divisible et proportionnelle. Tous les locataires, dit l'art. 1734, sont responsables de l'incendie proportionnellement à la valeur locative de la partie de l'immeuble qu'ils occupent. Ce qui doit servir ici de base à la répartition de la responsabilité encourue, ce n'est pas le loyer auquel est tenu le locataire et qui a été convenu entre lui et le propriétaire; mais bien la valeur locative véritable, telle qu'elle résulte d'une évaluation à convenir. Si les locataires ne s'entendaient pas pour fixer vis à vis de chacun d'eux cette valeur locative, il y aurait lieu à expertise. La quotité de loyer afférente à chaque locataire peut être une base incertaine pour établir la valeur locative; car cette valeur ne doit s'appliquer qu'à la partie de l'immeuble susceptible, par sa nature, d'être détruite par incendie. Il est évident, en effet, que si dans les lieux tenus à bail par le locataire se trouvaient, par exemple, une cour ou un jardin d'une certaine importance locative, la valeur locative à fixer ne devrait pas porter sur cette portion de l'immeuble qui échappe forcément aux risques d'incendie.

En un mot, le chiffre de loyer n'est pas toujours en rapport avec la valeur locative. Tel locataire qui jouit d'un bail ancien ou qui a obtenu une faveur, paie moins cher qu'un locataire nouveau pour une portion d'immeuble plus grande et plus avantageuse.

En cas de désaccord, il faudra recourir au tribunal pour la nomination d'experts ; ce sera là une source de frais énormes pour les intéressés.

Si l'un des locataires est insolvable et ne peut payer sa part proportionnelle de l'indemnité, c'est le propriétaire qui supportera cette perte, ce qui n'avait pas lieu lorsque la solidarité existait, avec l'ancien art. 1734.

9. Il y a cinq locataires distincts dans un même immeuble , trois d'entr'eux s'exonèrent de toute responsabilité en prouvant que le feu a commencé chez les deux autres. Ces derniers seront tenus de payer la totalité de l'indemnité, mais proportionnellement à la valeur locative de la partie de l'immeuble qu'ils occupent. Si cependant il y avait faute de leur part, leur responsabilité résulterait non plus de l'art. 1734, mais de l'art. 1382. S'il y avait crime ou délit de leur part, la solidarité existerait entr'eux en vertu de l'art. 55 du Code pénal. Mais supposons qu'il n'y ait qu'une faute constituant le quasi délit, dans ce cas, il faut reconnaître que la solidarité n'est pas prononcé par la loi, ainsi qu'on peut s'en convaincre en lisant l'art. 1202. Cependant si ces deux locataires, par suite de leur faute, sont déclarés coupables de l'incendie et qu'il y ait incertitude relativement à la part définitive et par suite de responsabilité qui incombe à cha-

cun d'eux, par la force même des choses, il faudra bien les déclarer l'un et l'autre responsables pour le tout. Cette obligation
in solidum différera d'ailleurs de la solidarité parfaite, en ce que
les auteurs du quasi-délit ne seront pas réputés mandataires et
représentants les uns des autres à raison de la dette qu'ils ont
contractée.C'est en ce sens que la jurisprudence décide qu'en matière de quasi-délit, comme en matière de délit criminel, la solidarité doit être prononcée contre les auteurs d'un même quasi-
délit. (Cass., 25 juillet 1870, et Caen, 23 mai 1873.) Ainsi, le
bailleur prouve que le feu provient de la faute de deux de ses
locataires; ceux-ci seront tenus *in solidum* de la totalité de l'indemnité.

10. Un propriétaire pourrait-il imposer à chacun de ses locataires d'un même immeuble la solidarité de l'ancien article 1734?
Une pareille convention n'aurait rien d'illicite.Elle équivaudrait
à un cautionnement solidaire par chaque locataire envers le
propriétaire,pour raison de la responsabilité qui pèse sur chacun
des autres locataires en vertu de l'art. 1734 nouveau. On peut,
en effet, se rendre caution sans ordre du débiteur et à son insu
(art. 2014); et la caution qui a payé a son recours contre le débiteur et est subrogée contre lui à tous les droits du créancier
(art. 2028 et 2029). Une semblable convention, pour revêtir son
véritable caractère juridique devrait donc être faite, de préfé-
rence, sous la forme d'un cautionnement, sauf les restrictions
qu'elle comporte ou que les parties pourraient valablement y
apporter (art. 2013).

Que dire si le propriétaire insérait dans l'acte de bail de chaque
locataire la clause suivante : « Il a été donné connaissance au
« preneur du bail afférent à chacun des autres co-locataires, et
« ledit preneur a déclaré se rendre caution solidaire et respon-
« sable de l'incendie, dans les termes de l'ancien art. 1734. »
Une pareille clause, qui serait formulée de cette manière,
ou autrement, ne deviendrait-elle pas de style dans les actes de
baux ? Nous ne le pensons pas, car aucun locataire vigilant ne
voudrait se porter caution solidaire d'un co-locataire qu'il ne
connaît pas. Au point de vue juridique, un pareil engagement
n'aurait rien d'illicite. La Cour de Cassation décide que la responsabilité établie contre le preneur au profit du bailleur par

les articles 1733 et 1734 anciens n'est pas d'ordre public ; et, par suite, la renonciation du bailleur au bénéfice de ces articles est parfaitement valable. (Cass., 28 janvier 1868. — S. 68. 1. 17.) Cette décision est évidemment applicable à l'art. 1734 nouveau, dont les dispositions ne présentent pas plus que celui qu'il a remplacé un caractère d'ordre public.

La question de savoir si le bailleur a une action directe contre le sous-locataire est controversée, cependant la jurisprudence se prononce d'une manière à peu près générale en faveur de l'action directe. (Paris, 16 août 1872. — Amiens, 4 avril 1883. — S. 83. 2. 178.) Par suite, le propriétaire qui a affranchi son locataire de toute responsabilité en cas d'incendie, peut néanmoins, actionner en responsabilité le sous-locataire.

11. Le nouvel article 1734 sera-t-il applicable aux rapports entre propriétaires et locataires liés par des baux antérieurs à sa promulgation ? Pour résoudre cette question, il faut consulter les principes généraux. Les obligations, qui résultent d'un contrat, dérivent de la volonté des parties ; or, les parties, à défaut de stipulations particulières, n'ont pu que prévoir les dispositions de la loi en vigueur au moment du contrat. C'est ainsi que les effets des contrats se trouvent régis par la législation en vigueur à l'époque de leur passation. (Cass. 8 mars 1865, et Chambéry, 12 février 1869.) En conséquence, il faut décider que l'ancien article 1734 continuera à régler les rapports existant entre propriétaires et locataires liés par des baux écrits ou non écrits antérieurs au 5 janvier 1883, date de la promulgation du nouvel article 1734. Mais il en serait autrement, quant aux baux se continuant par tacite reconduction postérieurement à cette date. Dans ce cas, en effet, les parties doivent être supposées accepter la législation en vigueur au moment où s'opère la tacite reconduction et modifier dans ce sens leurs conventions primitives.

Qu'arrivera-t-il si, au moment de l'incendie, il se trouvait des baux écrits ou non écrits en cours d'exécution, les uns antérieurs et les autres postérieurs à la promulgation du nouvel article 1734 ? Dans ce cas, les locataires dont les baux auraient une date antérieure à la mise en vigueur de cet article resteraient tenus solidairement de l'indemnité envers le bailleur, mais sous la déduction de la part à la charge des nouveaux locataires (art. 1210), laquelle se trouverait être proportionnelle à la valeur locative de la partie de l'immeuble occupée par chacun d'eux (art. 1734 nouveau). Quant au recours du locataire contre lequel l'action solidaire du bailleur aurait été dirigée et qui aurait payé, il exercerait contre les autres locataires tenus solidairement avec lui, conformément au principe contenu dans l'art. 1734 nouveau, c'est-à-dire en proportion de la valeur locative pour chacun d'eux. Le nouveau texte doit forcément faire cesser, dans ce cas particulier, la controverse qui s'était élevée sur le mode de répartition du dommage entre les divers locataires.

En effet, sous l'empire de l'ancien article 1744, le recours qu'exerçait contre les autres celui qui avait été actionné pour le tout par le propriétaire, faisait naître une question à laquelle on donnait des solutions diverses. Les uns voulaient que ces co-locataires fussent tenus *pro parte virili*, et par suite par parties égales. D'autres, au contraire, recherchaient l'étendue et l'importance de chaque location, avec les dangers d'incendie qu'elle pouvait offrir, et fixaient arbitrairement la part d'indemnité due par chacun, à raison de son loyer et des dangers que la location offrait. Ainsi n'est-il pas présumable que celui qui occupe une pièce où il y a une forge sans cesse allumée ait été dans le cas de voir naître l'incendie, plutôt que chez celui qui n'occupe qu'une seule chambre et qui n'a rarement qu'un feu. — C'est pour couper court à cette controverse que le nouveau texte dit que l'indemnité due au propriétaire sera répartie proportionnellement à la valeur locative de la partie de l'immeuble occupée par chaque locataire.

12. Voyons maintenant si l'article 1734 nouveau modifie, en fin de compte et pour l'avenir, les rapports des propriétaires et des locataires entr'eux et avec les compagnies d'assurances. D'abord, en vertu de l'article 1734 nouveau, comme avec l'article 1734 ancien, le locataire dans l'habitation duquel l'incendie a commencé, reste seul tenu envers le propriétaire. Sous l'ancien article 1734, c'était aux locataires qui n'auraient pas établi que l'incendie n'avait pu que commencer chez eux, à faire la preuve, contre le locataire coupable, sous peine de demeurer tenus solidairement avec lui de l'incendie pour le tout. Aujourd'hui cette preuve est mise à la charge du propriétaire, et faute par lui de la faire, il ne recouvre que les parts d'indemnité des locataires qui n'ont pu se décharger de toute responsabilité, et il perd le surplus. La situation du propriétaire est donc moins avantageuse que sous l'article 1734 ancien, et celle du locataire, au contraire, plus favorable. Autrement dit, ces deux parties étant seules en cause, ce que l'un a perdu, l'autre l'a gagné.

Dans ses rapports avec la compagnie d'assurances à laquelle il aura assuré son immeuble, le propriétaire conservera la même situation qu'auparavant, en ce qu'il sera garanti contre tous risques. Il en sera de même du locataire qui se sera assuré contre le risque locatif.

La situation des compagnies d'assurance ne sera pas davantage modifiée, et ces sociétés continueront à assurer les locataires et les propriétaires dans la même proportion qu'autrefois, c'est-à-dire le plus souvent, les deux parties contractantes au bail.

Mais la prime que le locataire paye pour s'assurer contre le risque locatif représente, en somme, l'indemnité qu'il devrait au propriétaire en cas d'incendie et que la compagnie acquitte pour lui, et cette indemnité doit diminuer comme la responsabilité du locataire. D'où il suit qu'il doit en être de même de la prime d'assurance payée par le locataire à l'occasion du risque locatif.

Augmentation de la prime pour le propriétaire, diminution de la prime pour le locataire, tel est donc en définitive le résultat économique du nouvel article 1734, en ce qui concerne les rapports des propriétaires et des locataires avec les compagnies d'assurances.

D'après certains auteurs, les locataires qui ont des baux antérieurs au 5 janvier 1883, seront soumis au nouveau texte, vis-à-vis les assureurs. En un mot, la date de l'incendie doit déterminer la loi à appliquer. Il n'y a pas de violation du principe de la non rétroactivité, car il s'agit ici d'un fait, l'incendie, qui n'a pas commencé sous la loi ancienne; donc cette loi ne saurait lui être appliquée.

13. Quelle est la situation respective des propriétaires et des locataires vis-à-vis de la compagnie d'assurance avec laquelle un contrat est intervenu antérieurement à la promulgation du nouvel article 1734? Cette situation peut être résumée de la manière suivante :

1° Le contrat d'assurance s'exécutera dans les termes de l'article 1734 ancien, si le propriétaire et tous les locataires restent liés par un bail écrit ou non écrit, antérieurement au nouvel article 1734.

2° La compagnie d'assurance pourra demander la résiliation du contrat fait avec le propriétaire envers lequel tous les locataires de l'immeuble ne restent pas tenus par des baux antérieurs à la mise en vigueur du nouvel article 1734, si le propriétaire n'accepte pas l'augmentation proposée par la compagnie de la prime fixée (art. 1142 et 1148 civ.). La divisibilité de l'indemnité entre les co-locataires augmente les risques de perte à la charge du propriétaire.

3° La compagnie d'assurance doit, en cas d'incendie, indemniser le propriétaire qui se trouve dans les conditions indiquées au numéro précédent, si elle a continué à toucher la prime originairement fixée, sans avoir formulé contre le propriétaire aucune demande.

4° Le locataire dont le bail non écrit ou le bail continué par tacite reconduction et réglé par l'art. 1734 nouveau, pourra demander la résiliation du contrat d'assurance, en ce qui concerne le risque locatif, si la compagnie ne consent pas à la réduction de la prime fixée (art. 1131 civ.). La solidarité n'existant plus entre les co-locataires, ceux-ci, en cas de sinistre, ne doivent payer que chacun un part de l'indemnité ; donc leur responsabilité a beaucoup diminué et la prime doit être réduite.

5° La compagnie devra, *à fortiori*, indemniser en cas d'incendie, et à raison du risque locatif, le locataire se trouvant dans les conditions indiquées au numéro précédent, lorsque celui-ci a continué d'acquitter ses primes sans demander aucune réduction, ni former aucune demande contre la compagnie.

6° Enfin, l'art. 1734 nouveau n'apporte aucune modification au contrat d'assurance du locataire, pour tous risques autres que le risque locatif, par exemple pour le risque envers ses voisins, risque qui suppose une faute et l'application de l'article 1382.

L'assuré qui s'est engagé à subroger l'assureur dans tous ses droits contre les personnes responsables du sinistre, notamment contre les locataires, peut être déclaré déchu du bénéfice de l'assurance, s'il renonce à user contre ses locataires de la présomption légale de faute de l'art. 1733, et se met ainsi par son fait dans l'impossibilité de réaliser la subrogation promise. (Cass., 15 mars 1876. — S. 76. 1. 337.)

Le bailleur peut subroger, dans son action directe qu'il a contre le sous-locataire, la compagnie à laquelle il a assuré l'immeuble et qui s'est réservé le bénéfice de la subrogation aux droits de l'assuré ; et cette compagnie ne peut se refuser à lui payer le dommage causé par l'incendie, sous prétexte qu'une pareille subrogation ne serait ni utile, ni sérieuse. Mais il faut qu'il n'y ait pas déchéance contre l'assuré et que celui-ci puisse encore subroger la compagnie d'assurance dans son action directe contre le sous-locataire. (Amiens, 4 avril 1883. — S. 83. 2. 178.)

14. Il faut avoir soin de ne pas étendre les dispositions des articles 1733 et 1734 à d'autres rapports que ceux qu'ils prévoient, c'est-à-dire aux rapports de propriétaire à locataire et à raison du lien contractuel, qui oblige ce dernier à veiller à la conservation de l'immeuble qu'il occupe à titre de louage. Ces dispositions ne sauraient être invoquées entre les divers locataires d'une même maison, ni par le locataire contre le propriétaire habitant une partie de la maison, ni par les propriétaires voisins, ni enfin par toutes autres personnes pouvant avoir éprouvé un dommage par l'effet de l'incendie. Dans ces circonstances, c'est a celui qui se plaint du dommage causé par l'incendie à établir, conformément à l'article 1382, que cet événement s'est produit par le fait et la faute du défendeur. (Cass., 7 mai 1855. — S. 55. 1. 446.)

En définitive, à l'égard du locataire, vis-à-vis le bailleur, il y a présomption de faute à la charge du locataire ; tandis que pour toute autre personne, il faut prouver juridiquement que l'incendie est arrivé par son fait et sa faute.

La preuve que l'incendie a commencé dans l'habitation d'un

locataire résultera assez fréquemment du fait même que le feu
n'a atteint que telle ou telle partie de l'immeuble. De même, il
arrivera souvent que le fait de l'incendie n'a pu commencer chez
tels ou tels locataires sera évident et résultera de ce que leurs
appartements n'auront pas été atteints par l'incendie. Ces présomptions n'existeront que dans les rapports de propriétaire à
locataire. Dans les rapports entre co-locataires, ou entre voisins,
il faudra prouver que le feu a pris chez le voisin, par sa faute,
pour établir sa responsabilité.

15. Lorsque le propriétaire occupe lui-même une partie de
la maison louée à divers, sa position vis-à-vis de ses locataires
se détermine par les distinctions suivantes : s'il prouve que l'incendie n'a pas pris naissance dans les bâtiments qu'il occupe, les
locataires restent soumis à l'application des articles 1733 et
1734 nouveau, avec cette restriction que leur responsabilité
n'est plus solidaire, et ne se trouve que limitée et proportionnelle. Elle ne s'étend pas à la partie de la maison réservée par le
bailleur. En effet, les preneurs ne peuvent être responsables que
pour la partie de la maison qu'ils ont louée. Leur responsabilité
ne saurait s'étendre aux appartements que le bailleur s'est réser-
vés, et au sujet desquels ils ne sont soumis à aucune obligation
de restitution, ni de surveillance. — Il est bien entendu que le
propriétaire doit prouver que le feu n'a pas pris dans la partie
par lui réservée. (Limoges, 6 février 1883. — S. 83. 2. 127, et
Dijon, 8 janvier 1881. — S. 81. 2. 200 et 455.)

Si, à défaut de preuve, on se trouve dans une incertitude com-
plète sur l'endroit où le feu a commencé, la situation du propriétaire sera différente, suivant qu'on l'envisage d'après l'article
1734 ancien, ou d'après l'art. 1734 nouveau. D'après l'art. 1734
ancien, les locataires sont tous soumis à la présomption de faute
établie par les articles 1733 et 1734 ; la même présomption milite
contre le propriétaire comme habitant la maison. Les effets de
cette double présomption se neutralisent. Aussi, d'après l'article
1734 ancien, la jurisprudence décidait que le propriétaire ne
pouvait invoquer contre ses locataires la présomption légale de
faute résultant des articles 1733 et 1734, et exercer contre eux
son action solidaire, s'il ne prouvait, préalablement, que le feu
n'avait pas commencé dans la partie réservée par lui. (Cass.

15 mars 1876. — D. 76. 1. 153, et Dijon, 8 janvier 1880. —S. 81. 2. 84.)

La même solution sera suivie, à titre transitoire, pour les baux faits avant la nouvelle loi, et dans tous les cas où l'on appliquerait encore les dispositions de l'art. 1734 ancien.

La responsabilité du propriétaire étant dégagée, on allait jusqu'à juger que celle du locataire s'étendait à la totalité de l'immeuble, par une raison d'indivisibilité. La maison est un tout qui n'existe pas, qui ne se restitue pas, s'il ne se restitue pas en entier. Il importe peu que le propriétaire en occupe ou non une partie, pourvu qu'il ait prouvé que le feu n'a pas pris dans son appartement. (Chambéry, 24 juillet 1882.)

Cette jurisprudence était repoussée par ce simple raisonnement que le locataire n'est pas tenu de la totalité de la maison, mais qu'il n'est tenu que pour la partie dont il est le locataire, à moins de faute de sa part. Or, il n'a pas cette qualité pour la partie que le propriétaire habite, et celui-ci ne peut se faire indemniser de cette partie, en vertu des articles 1733 et 1734 nouveau.

D'après cette dernière disposition, la responsabilité du locataire ne s'étend qu'à la partie de l'immeuble qu'il occupe, et dans la proportion de la valeur locative de cette partie, et ce, sans aucune solidarité.

De bons esprits soutiennent que le propriétaire n'est pas tenu, avant d'agir, d'établir que le feu n'a pas pris chez lui. Il peut s'adresser aux locataires qui ont pris l'obligation de rendre la chose par eux reçue. Ceux-ci ne pourront pas se dégager si le point de départ du feu est incertain.

16. Avec l'art. 1734 nouveau, chaque locataire n'est responsable de l'incendie que dans la proportion de la valeur locative de la partie de l'immeuble qu'il occupe. Cette responsabilité limitée a lieu par rapport, bien entendu, à la valeur locative de toutes les autres parties de l'immeuble, qu'elles soient occupées par d'autres locataires ou par le propriétaire, le concierge de celui-ci ou toutes autres personnes. Le propriétaire est ainsi responsable de l'incendie vis-à-vis de lui-même dans la proportion de la valeur locative de la partie de l'immeuble qu'il occupe, ce qui équivaut à dire qu'il n'a pas de recours contre les locataires pour cette portion de l'immeuble. Mais il est bien entendu que le dommage doit être réparti, en prenant pour base la valeur locative de la totalité de l'immeuble, et qu'on ne pourrait, faisant abstraction de la portion d'immeuble que le propriétaire occupe, prétendre que le dommage causé aux autres parties d'immeuble occupées par les locataires doit être réparti entre ceux-ci proportionnellement à la valeur locative de la portion d'immeuble qu'ils occupent. Le principe est que le propriétaire doit être assimilé à un locataire. Ainsi, la maison est occupée par deux locataires et le propriétaire, la valeur locative à chacun d'eux est égale ; le sinistre, dont l'origine est inconnue, a occasionné une perte de 30,000 fr., chacun des des trois habitants de la maison, propriétaires et locataires, ne devra que 10,000 fr. et pas plus.

Cette responsabilité du propriétaire était exprimée dans la rédaction du projet de loi tel qu'il a été soumis aux délibérations du Sénat et adopté par lui en première délibération. Mais elle a été retranchée comme inutile et superflue lors de la seconde délibération. En effet, chaque locataire n'est tenu que d'une part d'indemnité proportionnelle à la valeur locative de la portion qu'il occupe. Il était donc superflu d'ajouter que le propriétaire n'aurait pas de recours pour la portion qu'il habite.

17. N'oublions pas les principes de la responsabilité ; s'il n'y a qu'un seul locataire, il doit restituer la maison toute entière, en vertu de son bail. Si la maison a péri, il doit, puisqu'il ne restitue pas, ou payer l'indemnité, ou prouver que la chose a péri sans sa faute, car autrement, il ne remplirait pas l'obligation résultant de son bail qui l'oblige à restituer la chose.

S'il y a plusieurs locataires dans la maison, comme on n'a livré à chacun d'eux qu'une part, il ne doit restituer que cette part, en vertu de son contrat. S'il ne la restitue pas, il est obligé de prouver qu'elle a péri sans sa faute, pour ne pas payer sa portion de l'indemnité. Il ne serait ni juste, ni équitable de lui faire supporter la perte d'une portion de l'immeuble qu'il n'a jamais eu en sa possession, et qu'il n'a pu évidemment surveiller. Aussi le nouveau législateur a supprimé la responsabilité collective pour n'en faire qu'une partielle.

Le lien de droit résultant du contrat de louage n'existe qu'en
tre le propriétaire et chacun des co-locataires. Entre ces derniers,
il n'y a aucune obligation ; aussi, si un incendie vient à consu-
mer le mobilier de l'un d'eux, celui-ci sera tenu de prouver deux
choses : 1° que le feu a été communiqué de l'appartement du
voisin, et 2° que cet incendie est dû au fait, à l'imprudence, à la
négligence, en un mot, à la faute de ce voisin. Il faut ici revenir
à l'application de l'art. 1382.

Il existe, dans bien des localités, des maisons juxta-posées ap
partenant au même propriétaire. Ces maisons sont distinctes
mais contigues ; elles ont chacune leurs habitants, mais elles se
touchent, comme se touchent les appartements de la même maison. Si le quartier vient à être dévoré par les flammes, les locataires de ces maisons ne sont nullement tenus collectivement ;
mais leur responsabilité sera celle de simples voisins. Chacun
d'eux, pour s'exonérer, devra prouver à l'égard du propriétaire,
que le feu n'a pas commencé dans la maison à lui louée ; et à
l'égard de son voisin contigu, il n'aura aucune preuve à faire,
il devra attendre que le voisin, victime, forme contre lui une
action en dommages-intérêts, action qui ne sera basée que sur
les principes de l'art. 1382.

Ainsi, c'est à celui qui se plaint du dommage causé par incendie, à prouver que ce sinistre est arrivé par une faute imputable au défendeur. Celui-ci n'est tenu, à l'égard du demandeur,
à aucune obligation de surveillance ni de restitution ; par suite
l'action en réparation du dommage ne peut procéder que d'un
délit ou d'un quasi-délit ; alors, nous retombons toujours sous
l'application de l'art. 1382 qui impose au demandeur la charge
de prouver que le dommage dont il se plaint, a été occasionné
par la faute du défendeur.

18. C'est pour avoir méconnu ces principes que le tribunal
de Dunkerque a vu infirmer un jugement, par arrêt de la
Cour de Douai du 19 mai 1882. Il s'agissait d'un propriétaire
qui avait deux maisons contigues ; le feu avait pris dans la première et s'était communiqué à la seconde. Le propriétaire s'a-
dressait aux locataires de ces deux maisons, et réclamait
alors la solidarité et la présomption de faute des articles 1733 et
1734 ancien. La Cour a décidé que l'art. 1734 suppose l'exis-

tence d'une seule et même maison dans laquelle différents locataires ont des habitations. Il ne s'étend pas au cas de plusieurs immeubles distincts appartenant à un même propriétaire et loués chacun à un locataire unique.—Le texe de l'article 1734, rapproché des dispositions qui le précèdent, suffit pour établir que cet article ne s'applique qu'aux locataires d'une seule et même chose. — Il ressort également du rapport fait au nom de la section de législation par le tribun Mourricault, dans la séance du 14 Ventôse an XII, que le législateur n'a entendu établir la présomption *solidaire* de faute de l'art. 1734 (solidarité qui n'existe plus aujourd'hui) qu'aux locataires d'une même maison.— D'ailleurs, la présomption rigoureuse des art. 1733 et 1734, née des obligations spéciales des preneurs envers le bailleur et des soins qu'ils doivent apporter à la conservation de la chose que le contrat confie à un ou plusieurs, est par cela même inapplicable à toute autre propriété du bailleur qui n'a fait l'objet d'aucun contrat entre eux et lui. — Ainsi, le locataire d'une maison dans laquelle un incendie s'est déclaré n'est responsable de la communication du feu à une autre maison appartenant au même propriétaire et louée à un tiers, que dans les termes du droit commun. — Donc le locataire chez qui le feu a éclaté ne peut être responsable de la perte du second immeuble que si le propriétaire prouve que le feu a eu pour cause une faute ou une imprudence de ce locataire.

Donc, un propriétaire dont la maison souffre d'un incendie commencé chez son voisin, doit prouver que cet incendie est imputable à une faute de celui-ci; ce qui est difficile et même souvent impossible.

La Cour de Cassation vient de consacrer ces principes par arrêt du 28 novembre 1881. (S. 83. 1. 209.)

18 *bis*. La maison d'où le feu s'est communiqué ne peut être considérée comme la maison voisine, lorsque le locataire, pour les besoins de son industrie, a réuni les immeubles contigus et qu'il les occupe ensemble, de telle sorte qu'il en jouit indivisément comme s'ils ne faisaient qu'un seul et même immeuble. La cause inconnue de l'incendie se rattache nécessairement à la jouissance de l'un deux, encore bien que l'incendie eût commencé dans l'autre.

Ainsi, le locataire est responsable de l'incendie des lieux loués, bien que l'incendie ait été communiqué à ces lieux par le bâtiment voisin, si ce bâtiment a été construit par le locataire sur un terrain qu'il avait pris également à location, et si les deux immeubles ont été par son fait réunis pour sa jouissance dans un immeuble indivisible.

Le locataire est responsable surtout lorsque, soit au point de vue de l'organisation de la surveillance, soit au point de vue de la manière dont les constructions étaient conçues et disposées, il n'avait point pris toutes les précautions voulues pour parer au danger d'incendie, et qu'il était ainsi en faute.

De même le locataire est responsable, bien que l'incendie ait été communiqué aux lieux loués par un bâtiment adjacent non compris dans la location, s'il est le résultat d'un fait du locataire accompli dans l'exercice de son droit de jouissance. Spécialement, le locataire d'une ferme répond de l'incendie des bâtiments loués, bien que le feu ait pris sur une charrette de foin que le fermier se disposait à faire entrer dans ces bâtiments, et qu'il ne se soit communiqué aux bâtiments loués qu'en passant par un bâtiment non compris dans le bail, mais dont le fermier avait la jouissance. (Cass., 30 janvier 1854. — S. 54. 1. 97.).

Si le locataire a pris en location et occupe la maison voisine, on se demande s'il ne peut plus invoquer, pour s'exonérer de la responsabilité de l'incendie, le fait de la communication par la maison voisine et la faute probable ou possible du propriétaire ou du locataire de cette maison, parce qu'il est lui même le locataire et que, à raison de cette qualité, l'incendie est présumé être arrivé par sa faute. Cette théorie nous paraît très contestable. En effet, à l'égard de la maison voisine, le locataire est un étranger pour le propriétaire de la première maison, le contrat de bail, cause génératrice de la responsabilité, ne s'appliquant qu'à cette première maison. Si l'incendie allumé dans la maison voivine est présumé être arrivé par la faute du locataire, cette présomption, fondée sur l'art. 1733, n'existe que dans les rapports du locataire avec le propriétaire de cette maison. Le propriétaire de la première maison ne peut invoquer cette présomption contre le locataire de la maison voisine : les présomptions légales ne s'étendent point. En d'autres termes, le propriétaire de la première maison ne peut écarter l'exception tirée par son locataire de la communication du feu par la maison voisine, qu'en prouvant la faute de ce locataire, faute qui serait la cause de l'incendie de cette maison.

On peut dire, en général, que le locataire est responsable quoiqu'il allègue et qu'il prouve l'un des faits prévus par l'article 1733 (cas fortuit, force majeure, vice de construction ou communication de l'incendie par une maison voisine), s'il reste néanmoins une faute à la charge de ce locataire. Ainsi, il a été jugé que le locataire est responsable, alors même que le feu ait pris par hasard ou qu'il soit dû à la malveillance, si le locataire est en faute pour avoir rempli de fourrages les lieux loués, contrairement à leur destination et sans prendre aucune précaution (Bastia, 4 juillet 1866. — S. 67. 2. 215.)

Au surplus, il s'agit, dans tous ces cas, de l'application de l'art. 1382, et ce sera à celui qui prétendra qu'il y a eu faute de la part du locataire à établir la preuve de cette faute.

L'assurance contractée pour le risque locatif s'étend même à un incendie qui aurait commencé hors des lieux loués, lorsque les faits, à raison desquels l'assuré a été déclaré responsable, se rattachent à l'exercice de ses droits de locataire. (Cass., 28 novembre 1881.)

19. Entre deux voisins, qui ne sont tenus par aucune obligation contractuelle ou légale, il faut appliquer l'art. 1382. Si celui qui détient un immeuble se trouve obligé, non pas en vertu d'un bail, mais d'après une autre convention ou la loi; alors, la présomption de l'art. 1733 ne saurait exister. En effet, cette personne, qui avait la possession du bâtiment incendié, était véritablement débitrice de ce bâtiment. Elle ne peut se soustraire à son obligation de restituer ou au paiement d'une indemnité, qu'en prouvant, ou qu'elle a donné à l'exécution de son obligation tous les soins qu'elle devait y apporter, ou que son inexécution provient d'un cas fortuit ou de force majeure. En règle générale, le débiteur d'un corps certain doit apporter à la garde de la chose qu'il est tenu de conserver tous les soins d'un bon père de famille, c'est-à-dire la diligence qu'un homme attentif et soigneux apporte communément à l'administration de ses affaires.

Ainsi, l'usufruitier légal ou conventionnel d'une maison a le droit de jouir de cette maison comme le propriétaire lui-même, mais à la charge d'en conserver la substance, et de restituer cette maison à la fin de l'usufruit. Si, pendant sa jouissance, la maison vient à être incendiée, l'usufruitier, pour se décharger de son obligation de restituer, devra prouver, — ou qu'il a donné à l'exécution de son obligation de conservation tous les soins qu'il devait y apporter, — ou que son inexécution provient d'un cas fortuit ou de force majeure.

L'usufruitier a pu donner à bail la maison dont il a la jouissance ; si elle vient à être incendiée, cet usufruitier pourra, aussi bien que le propriétaire, se prévaloir à l'encontre de ses locataires, des présomptions de l'art.1733.(Tribunal de Châtillon 28 juin 1882, et Lyon, 28 juillet 1880. — S. 81. 2. 180.) Il le peut même lorsque le locataire n'est autre que le nu-propriétaire lui-même. La circonstance qu'il se trouverait être en même temps nu-propriétaire de l'immeuble à lui loué ne peut exonérer le locataire des obligations qui lui incombent en cette dernière qualité. Les art. 1733 et 1734 s'appliquent sans distinction à tous les locataires des propriétés louées.

Cependant, l'usufruitier pourrait être déclaré responsable, s'il n'avait exercé aucune poursuite contre le locataire auquel il avait donné à bail le bâtiment qui a été incendié.

Le sous-locataire également responsable est tenu solidairement avec le locataire qui continue à occuper une partie des lieux loués. Et même la présomption de faute, qui, en cas d'incendie, pèse sur le locataire, peut être invoquée par le propriétaire contre le sous-locataire, par voie directe et personnelle, et non pas seulement en vertu de l'art. 1166 civ. (Paris, 16 août 1872. — S. 72. 2. 196.)

En résumé, la présomption établie pour l'art. 1733 n'a pas lieu contre le possesseur ou détenteur de la maison d'autrui, autre que le locataire, tel que l'usufruitier, l'antichrésiste, le curateur aux biens vacants d'une succession, le mari administrateur des biens dotaux de sa femme. Ces détenteurs ne sont pas de plein droit responsables d'un incendie des immeubles qu'ils détiennent.

Cependant, cette présomption s'appliquerait au colon partiaire, parce qu'on peut le considérer comme locataire et qu'il est obligé de conserver et de surveiller les bâtiments à lui loués. (Nîmes, 14 août 1850. — S. 50. 2. 477.)

II

PERTE PAR INCENDIE D'OBJETS MOBILIERS CONFIÉS A AUTRUI.

20. Vous chargez un *voiturier*, moyennant un certain prix de transporter des marchandises en un lieu déterminé ; il sera responsable de la perte totale ou partielle, arrivée par incendie (autrement que par cas fortuit) de ces marchandises, pendant tout le temps qu'il les aura sous sa garde et sa surveillance, et ce nonobstant toute convention contraire. Ce voiturier aurait beau faire connaître, par annonces publiques, qu'il n'entend se charger d'aucune responsabilité, une pareille prétention serait nulle. Il ne peut être stipulé valablement que le voiturier ne sera pas responsable des avaries provenant de sa faute ou de celle de ses préposés. (Cass., 28 mars 1860.)

Le voiturier ne peut se soustraire à la responsabilité qui pèse sur lui, en offrant de prouver qu'il a apporté à la conservation de la chose tous les soins d'un bon père de famille ; il faut qu'il établisse que le dommage a été occasionné par cas fortuit, par un événement de force majeure ou par le vice propre de la chose, auquel on peut assimiler le défaut d'emballage convenable, surtout si cette défectuosité n'était pas apparente (art. 1784 et 103 co^ce). Cette preuve est susceptible de se faire par témoins ; il n'est pas nécessaire, pour son admission, en ce qui concerne les cas fortuits et de force majeure, que le voiturier les ait fait constater immédiatement par des procès-verbaux réguliers dressés sur les lieux mêmes. Ce mode de constatation est sans doute une mesure que la prudence conseille au voiturier de prendre, mais elle n'est pas obligatoire pour lui, en cas de perte ou avarie, par incendie ou autrement; l'art. 97 co^ce ne s'applique qu'au cas de retard. (Cass., 5 mai 1858.)

Le voiturier ne peut échapper à la responsabilité de la perte de la chose à lui confiée, qu'en prouvant que cette chose a péri par un cas fortuit impossible à prévenir, et qu'il n'a à se reprocher aucun fait d'imprudence ou de négligence. On prétendrait à tort qu'il lui suffit de prouver la perte de la chose et que c'est à l'expéditeur à établir que cette perte a été causée par la faute du voiturier. Il en est ainsi spécialement, au cas d'incendie de la voiture ou du chargement survenu au cours du voyage et sans cause connue. (Cass., 23 août 1858. — S. 60. 1. 984.) Le voiturier est même responsable du dommage arrivé par cas fortuit ou force majeure, si ce dommage a été précédé de quelque faute de sa part, sans laquelle il n'aurait pas eu lieu.

L'expéditeur d'une marchandise est responsable envers le voiturier des suites de l'incendie communiqué à un wagon par la combustion spontanée des marchandises transportées. Le jugement qui déclare que c'est par l'effet de la combustion spontanée que l'incendie a éclaté, constate par cela même le vice propre de la chose, quoiqu'il ajoute que le sinistre est dû à un cas de force majeure exclusif de la faute de toutes les parties. Quoique le destinataire soit resté étranger à l'expédition de la chose et que l'incendie ait éclaté avant qu'il ait pu prendre livraison, il ne doit pas être mis hors de cause, en cas de cassation, sa présence étant nécessaire devant le tribunal de renvoi. (Cass., 8 mai 1883.)

Le mot *voiturier*, dans son acception la plus étendue, comprend 1° les individus qui entreprennent accidentellement un transport ; 2° les voituriers proprement dits, dont la profession consiste à faire habituellement des transports, tels que les rouliers, les bateliers, les loueurs de voitures particulières, et notamment de voitures de place (Cass., 1er mai 1855) ; 3° les commissionnaires de transport par terre et par eau ; 4° les entrepreneurs de voitures publiques ; 5° les compagnies de chemin de fer. (Cass., 20 juillet 1868.)

Ces compagnies ont des tarifs spéciaux tellement réduits, que leur adoption, par les expéditeurs, enlève une grande partie de la responsabilité. A la vérité, la compagnie de transport ne peut jamais stipuler qu'elle ne sera pas responsable des avaries provenant de sa faute ou de celle de ses préposés ; mais par suite de cet abaissement de tarif, la preuve de la faute incombe à l'expéditeur. La compagnie n'a rien à établir, tout le fardeau de la preuve retombe sur l'expéditeur ou le destinataire ; preuve qu'il sera souvent impossible de faire, car le réclamant n'a pu suivre sa marchandise qui était dans les mains du transporteur, et n'a pu constater la faute qui aurait pu entraîner l'avarie ou la perte.

Par une jurisprudence constante, la Cour de Cassation intervertit les rôles, pour ces tarifs réduits, et met la preuve de la faute à la charge de l'expéditeur. La Compagnie dit à l'expéditeur : « Vous « m'avez remis des marchandises en bon état, je vous les rends « très avariées ou détruites en partie ; je ne vous dois aucune « indemnité à moins que vous prouviez que cette perte ou ces « avaries proviennent de ma faute. » — Cette clause de non garantie stipulée dans un tarif spécial n'a pas pour effet de soustraire les compagnies de chemin de fer à la responsabilité de leurs fautes, mais seulement de mettre la preuve de ces fautes à la charge de l'expéditeur ou du destinataire. (Cass., 5 janvier 1881. — D. 81. 1. 155 et nombreux arrêts.)

En général, on ne peut stipuler l'irresponsabilité de ses fautes (Cass., 19 août 1878. — S. 79. 1. 422), ou des fautes de ses préposés (Cass., 14 mars 1877. — S. 79. 1. 423, et Dijon, 24 juillet 1874. — S. 75. 2. 73.)

21. Dans le *prêt à usage* ou *commodat*, l'emprunteur doit apporter à la garde et à la conservation de la chose empruntée les soins d'un bon père de famille.—En vertu de cette obligation, l'emprunteur est responsable du dommage que la chose prêtée a reçu par sa faute. On ne doit pas considérer comme arrivé par sa faute, un dommage qui serait le résultat de l'usage pour lequel la chose a été empruntée.

L'emprunteur ne répond pas des cas fortuits, et de force majeure, pourvu que ces accidents n'aient pas été précédés de quelque faute de sa part, sans laquelle le dommage n'aurait point eu lieu. Toutes les fois que le débiteur aurait pu, en donnant à l'accomplissement de l'obligation les soins qu'il devait y apporter, empêcher le cas fortuit, ou du moins en atténuer les effets, l'exécution régulière de cette obligation se trouve entravée, moins par le cas fortuit, que par une faute dont le débiteur doit nécessairement répondre. Ainsi, quoique les faits des tiers doivent être envisagés comme des cas fortuits, le débiteur en devient cependant responsable, lorsque c'est par une faute qui lui est imputable, que ces faits ont apporté obstacle à l'exécution régulière de l'obligation. (Cass., 8 janvier 1851.)

L'emprunteur est en faute : 1° si la chose empruntée n'a péri par cas fortuit ou force majeure, que parce qu'il l'a employée à un autre usage et pour un temps plus long qu'il ne devait ; 2° si, pouvant garantir la chose empruntée du dommage qu'elle a éprouvé, en employant sa propre chose, il ne s'est pas servi de cette dernière ; ou si, ne pouvant conserver que l'une des deux, il a préféré la sienne (art. 1881 et 1882).

L'emprunteur répond exceptionnellement des cas fortuits et de force majeure, lorsqu'il s'est chargé de ces risques ou lorsque le dommage n'a eu lieu qu'après sa mise en demeure. L'estimation donné à la chose, au moment du prêt produit les mêmes effets qu'une convention expresse par laquelle l'emprunteur se serait chargé des risques de cette chose (art. 1883).

Il suffit de lire les art. 1880 à 1887 pour comprendre l'étendue de la responsabilité de l'emprunteur.

22. A. Le *dépositaire* volontaire est tenu de donner à la garde de la chose, le soin qu'il a coutume d'apporter à la garde de celles qui lui appartiennent. Sa responsabilité doit toutefois, être appréciée avec plus de rigueur : 1° s'il s'est offert lui-même pour recevoir le dépôt ; 2° s'il a stipulé un salaire pour la garde du dépôt ; 3° si le dépôt a été fait uniquement dans l'intérêt du dépositaire ; 4° s'il a été convenu expressément que le dépositaire répondrait de toute espèce de faute.

Le dépositaire ne répond pas des événements de force majeure, qu'autant qu'il s'en est expressément chargé, qu'ils ont été précédés de quelque faute dont il soit responsable, ou qu'ils sont arrivés après qu'il a été mis en demeure de restituer la chose déposée.

Le *dépositaire* est libéré de l'obligation de restituer la chose déposée lorsqu'elle a péri ou qu'elle lui a été enlevée, sans sa faute (art. 1302). Toutefois, il devrait, dans ce cas, rendre ce qui lui en resterait, ainsi que l'indemnité qu'il pourrait avoir reçue (art. 1927 à 1934).

Conformément à la règle générale posée par le troisième alinéa de l'art. 1302, le dépositaire ne peut se décharger de la responsabilité qui pèse sur lui au cas d'incendie du bâtiment où se trouvait la chose déposée, qu'en justifiant que l'incendie a eu lieu sans sa faute. (Lyon, 27 novembre 1863).

B. L'hôtelier est un dépositaire nécessaire ; il répond, non seulement des dommages que lui ou ses domestiques ont personnellement occasionnés, mais encore de ceux qui ont été causés, soit par des personnes logées dans l'hôtellerie, soit même par des étrangers qui s'y seraient furtivement introduits. A la vérité, d'après les expressions de l'art. 1952, *par des étrangers allant et venant dans l'hôtellerie*, il semble qu'on ne doive entendre que les voyageurs reçus dans l'hôtellerie, qu'ainsi l'aubergiste n'est pas responsable des vols commis par des personnes qui s'y seraient furtivement introduites. Mais la combinaison de l'art. 1952 avec l'art. 1954 repousse cette distinction restrictive.

Cette responsabilité de l'aubergiste a lieu aussi bien lorsque le dommage provient d'incendie que dans le cas où il provient de tout autre cause ; la présomption est que l'accident a eu lieu par la faute de l'aubergiste ; c'est à lui, pour être déchargé de la responsabilité, à prouver qu'aucun fait d'imprudence ou de négligence ne lui est imputable et que le dommage est le résultat d'une force majeure. (Paris, 17 janvier 1850. — S. 50. 2. 267.)

Il n'est pas responsable des vols commis et des dommages causés avec force armée ou autre force majeure. Mais l'hôtelier serait responsable du dommage arrivé par cas fortuit ou force majeure, si ce dommage avait été précédé de quelque faute de sa part, sans laquelle il n'aurait pas eu lieu.

L'aubergiste, constitué gardien salarié d'un cheval logé dans ses écuries, est responsable des accidents qui lui arrivent par trop de proximité d'un autre cheval placé dans la même écurie. (Lyon, 23 décembre 1865. — D. 66. 3. 40.)

Cette responsabilité des hôteliers s'applique à tous ceux dont la profession consiste à loger des voyageurs, et ce, pour les effets apportés par les personnes qu'ils reçoivent chez eux. — On doit assimiler aux hôteliers proprement dits, les personnes que louent habituellement des chambres garnies aux voyageurs.

Le dépôt fait par un voyageur ou voiturier, dans une auberge où il ne loge pas, d'un ballot qui doit être remis à un tiers, ne constitue pas un dépôt nécessaire. De même, lorsqu'en partant, un voyageur laisse à l'aubergiste, qui consent à les garder, une partie des effets qu'il avait apportés dans l'hôtellerie, le dépôt nécessaire, qui, dans le principe, s'était formé par l'apport des effets, se convertit en dépôt volontaire.

23. Une responsabilité incombe à l'ouvrier auquel on remet la matière pour la confectionner, tel qu'un tailleur auquel on remet du drap pour confectionner un habit, un meunier auquel on remet du blé pour sa conversion en farine, un filateur auquel on remet de la laine pour la convertir en fils ou en tissus. En pareils cas, l'ouvrier ne répond de la perte de la matière qu'autant qu'elle a été le résultat d'une faute commise par lui, ou qu'elle a eu lieu après sa mise en demeure de livrer l'ouvrage. Car la demeure, au point de vue des risques, équivaut à faute (art. 1789 et 1302. — 1°).

En dehors de cette hypothèse de mise en demeure, l'ouvrier n'est pas responsable de la perte de la matière arrivée par cas fortuit, et notamment par suite d'un incendie qui a commencé dans une maison voisine. (Cass., 3 mars 1869.) Il en serait ainsi, alors même que l'ouvrier à façon devrait, à raison de l'exercice de son industrie, être rangé dans la classe des négociants. (Cass., 1er août 1866.)

L'ouvrier, quoique non responsable de la perte de la matière, perd cependant le prix de son travail et ne peut réclamer de salaire lorsque l'ouvrage vient à périr avant d'avoir été reçu, à moins que le maître ne soit en demeure de le vérifier, ou que la perte ne provienne du vice de la matière (art. 1790). Dans ce dernier cas, si l'ouvrier avait connu le vice de la matière, ou si, eu égard aux connaissances spéciales que doit posséder un homme de sa profession, il y avait eu impéritie de sa part, à ne pas reconnaître ce vice, il ne pourrait réclamer le prix de son travail.

D'après le dernier état de la jurisprudence, l'ouvrier ou le fabricant qui fournit simplement son travail et son industrie, n'est tenu que de sa faute ; et si la chose vient à périr en tout ou en partie, par incendie, le propriétaire de cette chose est tenu de prouver contre lui l'existence d'une faute, cause de l'incendie.

Ainsi un incendie éclate dans un moulin où étaient déposés des sacs de blé appartenant à un négociant; ces sacs sont consumés dans les magasins du meunier. Celui-ci ne peut restituer ce blé, ni en nature, ni en farine; seul, il a eu la garde et la surveillance de ces sacs de blé ; et cependant sa responsabilité ne sera encourue qu'autant que le déposant prouvera que le feu a été occasionné par une faute imputable au meunier. Les rôles ne sont-ils pas intervertis, et ce dernier, pour se décharger de toute responsabilité, ne devrait-il pas établir que l'incendie n'est dû à aucune faute, ni négligence, ni imprudence de sa part? S'il ne peut restituer la matière à lui confiée, ne doit-il pas établir que cette impossibilité, ne peut être due à aucune faute à lui imputable?

La seconde Chambre de la Cour d'appel de Douai a admis cette solution, mais en la basant surtout sur des raisons tirées des faits de la cause. Elle a évité de résoudre la question de droit comme l'avait fait précédemment la Cour de cassation, le 1er août 1866. Nous pensons que la Cour de Douai a mieux apprécié l'étendue de la responsabilité de celui qui détient des matières pour les fabriquer, moyennant un prix convenu, et qui les voit périr dans ses magasins par un incendie.

24. Arrêt de la Cour de Douai du 27 janvier 1881.

Attendu que, d'usage constant dans la région Nord, dans l'arrondissement d'Avesnes et spécialement à Fourmies, les industriels, peigneurs ou filateurs à façon, sont, sauf cas fortuit ou force majeure, entièrement responsables vis-à-vis les propriétaires-chargeurs, des laines que ceux-ci leur confient, et ce, depuis la prise de possession jusqu'à la remise des produits façonnés, ou jusqu'à l'expiration du délai nécessaire pour le retirement, s'ils ont averti ou mis en demeure les propriétaires d'avoir à retirer la marchandise ;

Attendu que cet usage constant résulte 1° des parères des maisons d'entreprise à façon les plus importantes de la Marne, de l'Aisne, du Nord et notamment des peigneurs et filateurs d'Avesnes, Avesnelles, de Glageon, d'Anor, de Sains, de Wignehies, de Solre-le-Château et de Fourmies ; 2° des déclarations du Conseil

d'administration de la société de commerce et d'industrie linière
de la région de Fourmies ; 3° des mentions insérées aux factures
de différents peigneurs ; 4° les assurances que les entrepreneurs
à façon contractent eux-mêmes pour le compte des propriétaires
de laine, en faisant entrer le coût de l'assurance dans le prix de
revient et de manutention par eux réclamé ; 5° des règlements
intégraux spontanément opérés après l'incendie par les entrepreneurs à façon, alors même que les assurances sont insuffi-
santes pour couvrir la totalité des risques ;

Attendu qu'il est établi par les documents de la cause et les
agissements des parties que, dans leur commune intention, le
marché verbal intervenu en mai 1880 entre Paul Démoulin et Cie,
peigneurs à façon à Fourmies, et Lebègue Devivaise, négociant
au même lieu pour le peignage, du 1er juin au 1er septembre
1880, de 25.000 kilogrammes de laine par mois, a eu lieu aux
conditions habituelles et sous la responsabilité d'usage du pei-
gneur à façon pour le cas de sinistre ; que Paul Démoulin et Cie
avaient, en effet, non seulement assuré leurs bâtiments et leur
mobilier industriel, mais qu'ils avaient de leurs propres de-
niers, contracté avec la *Fourmisienne,* pour une période de 12
ans et 9 mois, une assurance fixe de 500,000 fr. sur marchandises de laines brutes et peignées, blousses, et déchets appartenant à des tiers et se trouvant ou pouvant se trouver dans leurs
magasins ; qu'après avoir, en mars 1880, fait, avec Lebègue-Devivaise, un premier marché trimestriel qui augmentait considé-
rablement la quantité des laines à eux confiées, Paul Demoulin
et Cie avaient jugé nécessaire d'assurer, supplémentairement,
le 25 avril, pour une période de 4 mois, 800,000 fr. sur marchandises de laine sèche à tout état ; que pour le nouveau marché trimestriel de mai 1880, Paul Demoulin et Cie se trouvaient
ainsi couverts jusqu'au 15 août par cette assurance supplémentaire, et que le défaut de renouvellement de cette assurance n'a
été de leur part que le résultat de la négligence et de l'oubli ;

Attendu que Paul Demoulin et Cie se savaient, d'ailleurs, tellement responsables que, le lendemain, ils réunissaient en un
seul bloc toutes les marchandises sauvetées, les faisaient retra-
vailler en leur nom et les vendaient personnellement pour la
somme de 783,676 fr., sans même avoir invité les propriétaires,

ce qui eut été possible, même facile, à reconnaître respectivement les laines sauvetées qui pouvaient leur appartenir, et, notamment sans avoir prévenu Lebègue-Devivaise qui, à lui seul, était propriétaire de plus du tiers des 1,736,644 fr. de laine, alors dans les magasins de Paul Demoulin et Cie.

Attendu que Paul Demoulin et Cie consideraient si bien les conséquences du sinistre comme leur incombant personnellement, qu'aussitôt après l'incendie, ils demandaient purement et simplement aux propriétaires des laines, et spécialement à Lebègue-Devivaise, de leur fournir le détail et les factures de leurs marchandises incendiées ;

Attendu que les divers éléments de la correspondance justifient surabondamment que les parties avaient traité sous l'empire de l'usage qui laisse l'emmagasinement des laines aux frais, risques et périls des peigneurs ; ---- attendu que pour constater l'usage et la volonté des parties contractantes, les premiers juges invoquent, en vain, les déclarations et les agissements de Dervillé, Piette frères et Wiart de Fourmies, Resnette de Trélon, Fossé et Pecquériaux de Sains, Eugène Requillart de Roubaix, Picart, Goubet et fils de Reims, dont les marchandises ont été incendiées dans la nuit du 17 au 18 août 1880; que ces négociants n'ont, en réalité, fait avec Paul Demoulin et Cie, que des arrangements transactionnels qui, loin de détruire l'usage, le confirment, au contraire ; que si ces propriétaires ont accepté de recevoir le marc le franc de leurs laines sur le montant de l'assurance personnellement touchée de la Fourmisienne par Paul Demoulin et Cie, et sur les produits des marchandises vendues après sauvetage, il n'est pas dénié que Paul Dumoulin et Cie se soient en outre, obligés de leur peigner pendant 12 mois une quantité de laines proportionnelle aux laines incendiées, avec réduction de 30 pour 100 sur le prix moyen de la filature dans le pays; que le marc le franc perçu par le propriétaire, joint au bénéfice que leur assurait ce peignage exceptionnel, pendant une année, démontre péremptoiremeut que, pour toutes les parties intéressées, la responsabilité de Paul Demoulin et Cie était, en réalité, engagée dans les limites supérieures à celles auxquelles il entend la restreindre ; ---- attendu, au surplus, que trois des principaux chargeurs, dont les agissements sont invo-

qués par le jugement dans est appel, pour constater l'usage, Fossé et Pecqueriaux de Sains, Piette frères et Wiart de Fourmies, ont, depuis, déclaré qu'en adhérant aux propositions d'arrangement de Dumoulin et Cie, ils n'avaient d'autre but que l'arrangement en lui-même, qu'ils n'avaient pas eu en vue, par leur adhésion, d'atténuer la responsabilité de ces derniers; que cette responsabilité est, à leur avis, entière et absolue, aujourd'hui comme avant l'incendie, conformément d'ailleurs à l'usage consacré par les précédents sinistres ; que deux autres négociants, Tordeux d'Avesnelles, Hiroux-Dupont et Cie de Sains, ont également protesté contre la pensée que leur adhésion aux offres de Paul Démoulin et Cie, puisse constituer l'irresponsabilité de Paul Démoulin et Cie et porter atteinte à l'usage constant ;

Attendu que ces derniers ne prouvent pas et ne demandent pas à prouver que l'incendie des 17-18 août 1880 soit le résultat d'un cas fortuit ou d'une force majeure, qu'il ait été communiqué du dehors ; qu'il est, au contraire, dès à présent démontré, par tous les documents et circonstances du procès, que l'incendie n'a eu pour cause ni le cas fortuit, ni la force majeure, et qu'il s'est déclaré à l'intérieur même du magasin ;

Attendu qu'il est également certain qu'au moment de l'incendie Paul Demoulin et Cie n'avaient ni averti, ni mis Lebègue-Devivaise en demeure d'avoir à enlever ses marchandises ; que non seulement la plus grande partie des laines appartenaient à Lebègue-Devivaise, qui, se plaignant de ne pas être livré, avait, la veille même de l'incendie, assigné Paul Demoulin et Cie en 93,000 fr. de dommages-intérêts pour retard dans l'exécution de leurs obigations ;

Attendu qu'en l'état, Paul Demoulin et Cie sont et demeurent débiteurs responsables des laines à eux confiées par Lebègue-Devivaise pour être façonnées et qu'à défaut de restituer la chose, ils en doivent la valeur ;

Attendu que les parties sont en désaccord sur cette même valeur ; etc.

Par ces motifs, la Cour met le jugement dont est appel à néant, émendant, réformant, dit insuffisante l'offre des intimés de subroger l'appelant, concurremment avec les propriétaires des laines détruites par l'incendie ou sauvetées, dans le béné-

fice de l'assurance et du sauvetage ; condamne Paul Demoulin et
Cie..... etc....

POURVOI EN CASSATION.

25. A l'appui du pourvoi on a dit : Le contrat par lequel un
manufacturier reçoit des matières premières qu'il doit rendre,
après leur avoir fait subir une certaine préparation, constitue un
louage d'ouvrage, sans qu'il y ait lieu de distinguer entre le négociant et le simple ouvrier. (Cass., 1er août 1866). Or, comme
aux termes de l'art. 1789, l'ouvrier qui fournit simplement son
travail ou son industrie, n'est tenu que de sa faute, si la chose
vient à périr, il est évident que le manufacturier qui aura reçu
des matières premières dans ces conditions, ne sera responsable,
si la chose vient à périr en cas d'incendie, que si l'on prouve
contre lui l'existence d'une faute, cause de l'incendie. (Cass.,
1er août 1866, 3 mars 1869, 22 avril 1872).

Dans l'espèce, le contrat intervenu entre Paul Demoulin et
Cie et Lebègue-Devivaise, avait incontestablement le caractère
de louage d'ouvrage. Il leur était en effet remis une certaine
quantité de laine pour lui faire subir une préparation. Leur
situation était absolument semblable à celle du passementier de
l'arrêt du 1er août 1866, ou bien à celle du meunier qui trans-
forme le blé en farine (3 mars 1869 et 22 avril 1872). Ils n'étaient
donc soumis qu'aux obligations de l'ouvrier qui fournit son
travail et son industrie, et par suite il était indispensable de
prouver contre eux que l'incendie était imputable à une faute
qu'ils avaient commise. Vainement, l'arrêt de Douai, pour les
déclarer cependant responsables sans qu'aucune faute fut même
alléguée contre eux, se fonde d'abord sur un prétendu usage
commercial, d'après lequel les peigneurs ou filateurs seraient
responsables vis-à-vis des propriétaires, depuis la prise de possession jusqu'à la remise des objets façonnés. Cet usage n'existe
pas. Mais de toute façon, en droit, si l'usage peut suppléer à la
loi là où elle n'a rien précisé, si on peut y puiser au besoin un
élément d'interprétation, il ne saurait jamais avoir pour effet de
supprimer ni de modifier un texte précis de loi, sous peine de
méconnaître ouvertement la mesure dans laquelle il est permis
aux tribunaux de commerce de compléter la loi au moyen des

TABLE DES MATIÈRES

SOMMAIRES

I

PERTE PAR INCENDIE D'IMMEUBLES LOUÉS ; RESPONSABILITÉ ;
NON SOLIDARITÉ

II

PERTE PAR INCENDIE D'OBJETS MOBILIERS CONFIÉS A UN TIERS.

Arras. Imp. Sueur-Charruey, Petite-Place, 20 et 22.

usages. Vainement encore, l'arrêt se fonde-t-il sur la faute que Paul Demoulin et Cie auraient commise en ne renouvelant pas l'assurance supplémentaire qu'ils avaient contractée. Pour qu'il y eût eu faute de leur part, il faudrait qu'il existât à leur charge une obligation d'assurer. Or, l'arrêt de cassation du 1er août 1866 a nettement reconnu qu'aucune obligation du cette nature ne pesait sur les détenteurs temporaires.

ARRÊT DE LA COUR DE CASSATION DU 21 MARS 1882.

Attendu qu'il résulte des constatations de l'arrêt attaqué : 1° que lors du marché intervenu, en mai 1880, entre Demoulin et Cie d'une part, et Lebègue Devivaise d'autre part, pour le peignage des laines appartenant à ce dernier, les parties ont elles-mêmes déterminé, dans leur convention, la mesure dans laquelle Demoulin et Cie seraient responsables des laines à eux confiées pendant qu'elles resteraient dans leurs magasins ; 2° que ces laines, dans la nuit du 17 au 18 août 1880, ont été, pour la plus grande partie, détruites par un incendie, qui n'a eu pour cause, ni le cas fortuit, ni la force majeure, et qui s'est déclaré à l'intérieur des magasins de Demoulin et Cie ;

Attendu qu'aux termes de l'art. 1134 les conventions légalement formées tiennent lieu de loi à ceux qui les ont faites ;

Attendu que, pour mettre à la charge de Demoulin et Cie la perte de la marchandise détruite dans leurs magasins, l'arrêt attaqué n'a fait à la cause application, ni de l'art. 1789, ni des articles 1715 et 1733; qu'il s'est uniquement attaché à la convention qu'il a interprétée, d'après les faits et documents de la cause, en ce sens que, dans la commune intention des parties, Paul et Demoulin et Cie étaient demeurés, sauf le cas fortuit ou de force majeure, responsables des laines à eux confiés pendant tout le temps qu'elles restaient en leur possession ;

Attendu qu'une telle interprétation rentrait dans les pouvoirs souverains des juges du fond et ne saurait tomber sous le contrôle de la Cour de cassation ;

La Cour rejette, etc. »

La Cour suprême maintient le principe de l'art. 1789 dans tout ce qu'il a de favorable pour l'ouvrier ou l'industriel à façon, Mais ce principe doit fléchir devant toutes conventions contraires. Aussi, le propriétaire de la matière devra exiger en la confiant à l'industriel pour la fabriquer, un écrit constatant que ce fabricant est tenu de lui remettre sa matière bien et convenablement travaillée, ou sa valeur dans le cas de perte totale ou partielle de cette matière par incendie arrivé chez ledit fabricant, avant la remise des marchandises. Alors le fabricant à façon se trouve dans la nécessité de faire assurer les marchandises que peuvent contenir ses magasins et il repartit la prime dans le prix de façon qu'il réclame au négociant. C'est ce qui a lieu de la part de beaucoup d'industriels qui ont introduit cette responsabilité de l'ouvrier à façon, dans les factures indiquant les lots de chargement. Car, en définitive, ce fabricant reçoit en détail une prime d'assurance qu'il paie en bloc à une compagnie. Le propriétaire d'une matière qu'il donne à fabriquer doit exiger une convention expresse indiquant que le fabricant est responsable de l'incendie détruisant tout ou partie de la marchandise avant qu'il l'ait restituée. Il est facile de stipuler une pareille clause de garantie, on peut même la faire imprimer dans les récépissés donnés par l'ouvrier ou le négociant à façon.

FIN

Arras, Imp. Sueur-Charruey. 20 et 22, Petite-Place.

9 782019 663186